시가 내게로 왔다

MBC ! 느낌표 '책을 읽읍시다'에《시가 내게로 왔다》가 선정되어 기쁘다.
많은 사람들이 이 책을 읽고 좋은 시와 가까이하게 되기를 간절히 바란다.
《시가 내게로 왔다》의 판매 수익금 전액을 '기적의 도서관' 짓기에
보탤 수 있어서 기쁘고도 기쁘다.

2003년 10월 김용택

시가 내게로 왔다

김용택

마음산책

시가 내게로 왔다

1판 1쇄 발행 2001년 4월 5일
1판 20쇄 발행 2003년 10월 15일

지은이 | 김용택
펴낸이 | 정은숙
펴낸곳 | 마음산책

등록 | 2000년 7월 28일(제13 - 653호)
주소 | 서울시 서대문구 충정로 3가 270 (우 120 - 840)
전화 | 362 - 1452 ~ 4 팩스 | 362 - 1455
홈페이지 | http://www.maumsan.com
전자우편 | maum@maumsan.com

종이 | 화인페이퍼
인쇄 | 한영문화사
제본 | 정민제본

ISBN 89 - 89351 - 09 - X 03810

* 책값은 뒤표지에 있습니다.

이 책의 인세와 판매 수익금 전액은 '기적의 도서관' 건립 기금으로 쓰입니다.

오! 환한 목소리, 내 발등을 밝혀주던

그 환한 목소리

詩였어.

차례

시인 김용택이 사랑하고, 감동하고, 희구하고, 전율한 시들

겨울밤

박용래

잠 이루지 못하는 밤 고향집 마늘밭에 눈은 쌓이리.
잠 이루지 못하는 밤 고향집 추녀밑 달빛은 쌓이리.
발목을 벗고 물을 건너는 먼 마을.
고향집 마당귀 바람은 잠을 자리.

그의 시를 읽으면 외양간 처마 밑에 걸어둔 마른 시래기에 싸락눈 들이치는 소리가 들리고, 사람들이 다 떠난 적막한 고향 마을 밤 깊도록 잠 못 들고 계실 어머님의 기침소리가 들린다. 눈이라도 오면 문 열고 나가 '뭔놈의 눈이 이리 밤새 퍼붓는다냐' 시며 고무신에 쌓인 눈을 터실 어머니의 모습이 떠오른다. 슬프고도 애잔한, 그러나 진정한 시인의 삶을 살고 간 사람 박용래, 그는 충청도 시골의 울음 많은 시인이었다.

소나무에 대한 예배

황지우

학교 뒷산 산책하다, 반성하는 자세로,
눈발 뒤집어쓴 소나무, 그 아래에서
오늘 나는 한 사람을 용서하고
내려왔다. 내가 내 품격을 위해서
너를 포기하는 것이 아닌,
너 있는 그대로 받아들이는 이것이
나를 이렇게 휘어지게 할지라도.
제 자세를 흐트리지 않고
이 地表 위에서 가장 기품 있는
建木; 소나무, 머리에 눈을 털며
잠시 진저리친다.

이 오만함과 당당함이라니, 황지우 대단하다. 시인이 무릇 이래야 하느니. 삶이여, 오, 날마다 진저리쳐지는 살아 있음의 모욕이여. 눈 들어 앞산 오래된 소나무를 바라본다. 그리고 휘어진 내 삶의 한 구석을 한겨울의 솔바람소리로 쭈욱 펴며 쌓인 눈을 턴다. 이 진저리쳐지는 진저리여.

나무에 깃들여

정현종

나무들은
난 대로가 그냥 집 한 채.
새들이나 벌레들만이 거기
깃들인다고 사람들은 생각하면서
까맣게 모른다 자기들이 실은
얼마나 나무에 깃들여 사는지를!

나무는 사람들이 건들지만 않으면 태어난 그 자리에서 평생을 산다. 나무는 공부도 하지 않고, 여행을 다니지도 않고, 태어난 제자리에 가만히 있어도 모든 것들이 찾아온다. 해, 비, 바람, 새, 달, 그리고 사람들. 나무는 그러면서 세상에 필요한 것들을 아낌없이 나누어준다. 이 세상에서 가장 아름다운 집, 이 세상에서 가장 아름다운 예술, 이 세상에서 가장 아름다운 정부, 아름다운 국가, 아름다운 삶.

봄

서정주

　복사꽃 픠고, 복사꽃 지고, 뱀이 눈뜨고, 초록제비 무처오는 하늬바람우에 혼령있는 하눌이어, 피가 잘 도라…… 아무 病도없으면 가시내야. 슬픈일좀 슬픈일좀, 있어야겠다

그가 갔다. 텅 빈 겨울 하늘이 시리다. 이제 누가 있어, 이 징
그러운 세상을 살아가는 사람들의 징그러운 노래를 부를 것인
가. 뱀이 눈뜨는 이 산하의 봄을 누가 말해줄 것인가. 그의 영
광과 오욕은 바로 나의 얼굴이었다. 시의 이마에는 몇 방울의
피가 늘 묻어 있다고 말하던 시인. 그의 죽음으로 길고긴 서정
의 한 시대가 접힘을 느낀다.

전라도 가시내

이용악

알룩조개에 입맞추며 자랐나
눈이 바다처럼 푸를뿐더러 까무스레한 네 얼골
가시내야
나는 발을 얼구며
무쇠다리를 건너온 함경도 사내

바람소리도 호개도 인전 무섭지 않다만
어드운 등불 밑 안개처럼 자욱한 시름을 달게 마시련다만
어디서 흉참한 기별이 뛰어들 것만 같애
두터운 벽도 이웃도 못미더운 북간도 술막

온갖 방자의 말을 품고 왔다
눈포래를 뚫고 왔다
가시내야
너의 가슴 그늘진 숲속을 기어간 오솔길을 나는 헤매이자
술을 부어 남실남실 술을 따르어
가난한 이야기에 고히 잠거다오

네 두만강을 건너왔다는 석 달 전이면

단풍이 물들어 천리 천리 또 천리 산마다 불탔을 겐데
그래두 외로워서 슬퍼서 초마폭으로 얼굴을 가렸더냐
두 낮 두 밤을 두루미처럼 울어 울어
불술기 구름 속을 달리는 양 유리창이 흐리더냐

차알삭 부서지는 파도소리에 취한 듯
때로 싸늘한 웃음이 소리없이 새기는 보조개
가시내야
울 듯 울 듯 울지 않는 전라도 가시내야
두어 마디 너의 사투리로 때아닌 봄을 불러줄께
손때 수집은 분홍 댕기 휘휘 날리며
잠깐 너의 나라로 돌아가거라

이윽고 얼음길이 밝으면
나는 눈포래 휘감아치는 벌판에 우줄우줄 나설 게다
노래도 없이 사라질 게다
자욱도 없이 사라질 게다

이용악의 시를 읽고 있으면, 철커덩 철커덩 압록강 다리를 건너는 기찻소리 들린다. 나라 잃은 백성들의 웅크린 모습 위로 길게 울리는 기적소리. 그의 시에는 함경도 사나이들의 듬직하고도 느린 몸짓이 담겨 있다. 크고 거대한 산맥을 넘는 사나이들의 꿈이 펼쳐진다.

그의 시는 파도를 타는 것 같다. '천리 천리 또 천리'처럼 반복되는 가락 속에 숨은 부드러움과 넉넉함. 나는 문단에 나오고서도 오랜 시간이 지나고서야 그의 시를 만났다. 그의 시집 『낡은 집』 복사본을 만나던 날의 기쁨과 충격은 지금도 잊지 못한다. 『낡은 집』은 내가 만난 시집 중에서 가장 완벽한 시집이었다.

無의 페달을 밟으며
— 자전거의 노래를 들어라 1

유 하

두 개의 은륜이 굴러간다
엔진도 기름도 없이 오직
두 다리 힘만으로
은륜의 중심은 텅 비어 있다
그 텅 빔이 바퀴살과 페달을 존재하게 하고
비로소 쓸모 있게 한다
텅 빔의 에너지가 자전거를 나아가게 한다
나는 언제나 은륜의 텅 빈 중심을 닮고 싶었다
은빛 바퀴살들이 텅 빈 중심에 모여
자전거를 굴리듯
내 상상력도 그 텅 빈 중심에 바쳐지길
그리하여 세속의 온갖 속도 바깥에서
찬란한 시의 月輪을 굴리기를, 꿈꾸어왔다
놀라워라, 바퀴 안의 無가 나로 하여금
끊임없이 희망의 페달을 밟게 한다
바퀴의 내부를 이루는 무가
은륜처럼 둥근, 생의 노래를 부르게 한다
구르는 은륜 안의 무로
현현한 하늘이, 거센 바람이 지나간다

대붕의 날개가 놀다 간다
은륜의 비어 있음을, 무를 쓸모 없다 비웃지 마라
그 텅 빈 중심이 매연도 굉음도 쓰레기도 없이
시인의 상상력을 굴린다
비루한 일상을 날아올라 심오한 정신의 숲과 대지를 굴리고
마침내 우주를 굴린다
길이여, 나를 태운 은륜은 게으르되 게으르지 않다
무의 페달을 밟으며
내 영혼은 녹슬 겨를도 없이 自轉하리라

유하, '시가 나를 건달로 만들었다'는 아름다운 말을 해서
나를 기분 좋게 한 이 잘생긴 사람은, 영화도 만드는 사람이다.
농경사회의 서정을 이끌고 도시로 간 이 시인은 거대한 자본의
숲인 도시를 자전거 바퀴살로 부수며 뚫고 나와 눈부시게 달린
다. 보아라! 시의 몸은 때로 눈 못 뜨게 이리 눈이 부신 것이다.
시는 그리하여 환생이다.

궁금한 일
— 박수근의 그림에서

장석남

인쇄한 박수근 화백 그림을 하나 사다가 걸어놓고는 물끄러미 그걸 치어다보면서 나는 그 그림의 제목을 여러 가지로 바꾸어보곤 하는데 원래 제목인 「강변」도 좋지만은 「할머니」라든가 「손주」라는 제목을 붙여보아도 가슴이 알알한 것이 여간 좋은 게 아닙니다. 그러다가는 나도 모르게 한 가지 장면이 떠오릅니다. 그가 술을 드시러 저녁 무렵 외출할 때에는 마당에 널린 빨래를 걷어다 개어놓곤 했다는 것입니다. 그 빨래를 개는 손이 참 커다랬었다는 이야기는 참으로 장엄하기까지 한 것이어서 聖者의 그것처럼 느껴지기도 합니다. 그는 멋쟁이이긴 멋쟁이였던 모양입니다.

그러나 또한 참으로 궁금한 것은 그 커다란 손등 위에서 같이 꼼지락거렸을 햇빛들이며는 그가 죽은 후에 그를 쫓아갔는가 아니면 이승에 아직 남아서 어느 그러한, 장엄한 손길 위에 다시 떠 있는가 하는 것입니다. 그가 마른 빨래를 개며 들었을지 모르는 뻐꾹새 소리 같은 것들은 다 어떻게 되었을까. 내가 궁금한 일들은 그러한 궁금한 일들입니다. 그가 가지고 갔을 가난이며 그리움 같은 것은 다 무엇이 되어 오는지…… 저녁이 되어 오는지…… 가을이 되어 오는지…… 궁금한 일들은 다 슬픈 일들입니다.

'나는 인간의 선함과 진실함을 그려야 한다는, 예술에 대한 대단히 평범한 견해를 가지고 있다. 따라서 내가 그리는 인간 상은 단순하고 다채롭지 않다. 나는 그들의 가정에 있는 평범한 할아버지와 할머니, 그리고 물론 아이들의 이미지를 그린다.' 화가 박수근이 한 말이다. 박수근의 그림은 사람들에게 친근함으로 쉽게 다가선다. 단순하고 평안하다. 박수근의 그림들은 생각해보면 참 슬프다. 그 슬픔, 애잔함, 애틋함. 장석남의 시들도 돌 위에 앉은 꽃잎처럼 그렇게 잔잔하게 슬프다.

입춘단상

박형진

바람 잔 날
무료히 양지쪽에 나앉아서
한 방울
두 방울
슬레이트 지붕을 타고 녹아내리는
추녀 물을 세어본다
한 방울
또 한 방울
천원짜리 한 장 없이
용케도 겨울을 보냈구나
흘러가는 물방울에
봄이 잦아들었다.

박형진 시인은 부안 모항에서 농사짓고 산다. 바닷가에 납작하게 엎드려 있는 그의 집 처마 끝에 파도가 닿을 때도 있다. 눈을 녹이는 따뜻한 햇살을 받으며 작은 집 처마 밑에 앉아 한 손으로는 턱을 고이고, 나무막대기를 든 다른 한 손으로는 처마 끝에서 떨어지는 낙숫물 물길을 내주고 있는 사람. 얼어붙은 땅에 봄이 오고, 길 낸 데로 물은 잘 흐르디? 천원짜리 한 장 없이도 한 겨울이 가던 그런 적막한 세월도 있었다.

수선화에게

정호승

울지 마라
외로우니까 사람이다
살아간다는 것은 외로움을 견디는 일이다
공연히 오지 않는 전화를 기다리지 마라
눈이 오면 눈길을 걷고
비가 오면 빗길을 걸어가라
갈대숲에서 가슴검은도요새도 너를 보고 있다
가끔은 하느님도 외로워서 눈물을 흘리신다
새들이 나뭇가지에 앉아 있는 것도 외로움 때문이고
네가 물가에 앉아 있는 것도 외로움 때문이다
산 그림자도 외로워서 하루에 한 번씩 마을로 내려온다
종소리도 외로워서 울려퍼진다

운동장가 벚나무 가지 끝에 무언가 매달려 있는 것이 보였
다. 지지 않은 나뭇잎인가 했는데. 책을 보다 궁금해서 다시 보
니 움직인다. 새다. 새가 나뭇잎처럼 웅크리고 있었던 것이다.
외로움의 끝, 그 절정에서 잠깐 움직인 것이다. 산그늘이 강을
건넌다. 외롭다. 나도 강가를 지나 집으로 가야겠다.

엄마

정채봉

꽃은 피었다
말없이 지는데
솔바람은 불었다가
간간이 끊어지는데

맨발로 살며시
운주사 산등성이에 누워 계시는
와불님의 팔을 베고
겨드랑이에 누워
푸른 하늘을 바라본다

엄마…

한 사나이가 있었다. 그 사나이는 이 세상에 태어나 '엄마'
를 한번도 불러본 적이 없다. 그가 말을 배우기도 전에 돌아가
셨기 때문이다. 그 사나이가 어느날 운주사 와불을 찾아가서
신을 벗고, 양말도 벗고, 커다란 와불 팔을 베고 겨드랑이를 파
고들며 이 세상 처음으로 가만히 엄마를 불러본다. 이 사나이
는 바로 정채봉 자신이 아닐까? 늘 불러도 처음 같은 말 "엄
마!" 하얀 눈이 오는 이 겨울, 그가 눈송이를 따라 엄마 곁으로
갔다. 엄마를 부르러.

서시

이시영

어서 오라 그리운 얼굴
산 넘고 물 건너 발 디디러 간 사람아
댓잎만 살랑여도 너 기다리는 얼굴들
봉창 열고 슬픈 눈동자를 태우는데
이 밤이 새기 전에 땅을 울리며 오라
어서 어머님의 긴 이야기를 듣자

나라에 큰 일이 있을 때마다 죽음도 두려워하지 않고 오직 의로움과 삶의 고결함을 지켰던 사람들이 있었다. 허나 지금은 자기자신의 출세와 영달, 그리고 권력과 돈을 위해서라면 사랑도 명예도 헌 걸레처럼 팽개쳐버리는 쩨쩨하고 쪼잔한 것들이 세상의 주인 노릇을 하고 있다. 큰 산 같은 사람, 온 세상을 가슴에 안으려는 바다 같은 사람들은 다 어디 갔는가. 땅을 쿵쿵 울리며, 매운 바람을 헤치며 세상을 걷는 그런 가슴 떨리는 큰 사람이 그립다.

책

김수영 金秀映

책을 한권 가지고 있었지요. 까만 표지에 손바닥만한 작은 책이지요. 첫장을 넘기면 눈이 내리곤 하지요.

바람도 잠든 숲속, 잠든 현사시나무들 투명한 물관만 깨어 있었지요. 가장 크고 우람한 현사시나무 밑에 당신은 멈추었지요. 당신이 나무둥치에 등을 기대자 비로소 눈이 내리기 시작했지요. 어디에든 닿기만 하면 녹아버리는 눈. 그때쯤 해서 꽃눈이 깨어났겠지요.

때늦은 봄눈이었구요, 눈은 밤마다 빛나는 구슬이었지요.

나는 한때 사랑의 시들이 씌어진 책을 가지고 있었지요. 모서리가 나들나들 닳은 옛날 책이지요. 읽는 순간 봄눈처럼 녹아버리는, 아름다운 구절들로 가득 차 있는 아주 작은 책이었지요.

사랑하는 연인이 금방 왔다가 금방 가버린 것같이, 그대 손
등에 얼른 내렸다가 얼른 녹는, 그런 봄꿈 같은 눈을 보셨는지
요. 하얗게 산을 그리며 오는 봄눈을.

날랜 사랑

고재종

장마 걷힌 냇가
세찬 여울물 차고 오르는
은피라미떼 보아라
산란기 맞아
얼마나 좋으면
혼인색으로 몸단장까지 하고서
좀더 맑고 푸른 상류로
발딱발딱 배 뒤집어 차고 오르는
저 날씬한 은백의 유탄에
푸른 햇발 튀는구나

오호, 흐린 세월의 늪 헤쳐
깨끗한 사랑 하나 닦아 세울
날랜 연인아 연인들아

봄꽃 지고 여름 장마 걷히고, 그리고 시인이 시를 쓴다. 어쩌면 이토록 아름다운 시를 쓸 수 있을까. 내 몸이 '은백의 유탄'이 되어 물을 차고 팔딱팔딱 튀어오를 것 같다. 나도 시를 쓰지만, 시인들은 참 신기하다. 몇 마디의 말로 어쩌면 이렇게 화려하고 찬란한 그림을 우리 앞에 생생하게 그려놓는지.

눈물

고 은

序

아 그렇게도 눈물 나리라.
한 줄기의 냇가를 들여다보면
나와 거슬러 오르는 잔 고기떼도 만나고,
그저 뜨는 마름풀 잎새도 만나리라.
내 늙으면, 어느 냇가에서
지난 날도 다시 거슬러 오르며 만나리라.
그러면 나는 눈물 나리라.

누이에게

이 세상의 어디에는
부서지는 괴로움도 있다 하니,
너는 그러한 데를 따라가 보았느냐.
물에는 물소리가 가듯
네가 자라서 부끄러우며 울 때,
나는 네 부끄러움 속에 있고 싶었네.
아무리 세상에는 찾다 찾다 없이도
너를 만난다고 눈 멀며 쏘아다녔네.

늦봄에 날 것이야 다 돋아나고
무엇이 땅 속에 남아 괴로와 할까.
저 夜摩天에는 풀 한 포기라도 돋아나 있는지,
이 세상의 어디를 다 돌아다니다가
해 지면 돌아오는 네 울음이요,
울 밑에 풀 한 포기 나 있는 것을 만나도
나는 눈물이 나네.

내가 가지고 있는 시집 중에서 가장 많이 읽어본 시집은 고
은의 『부활』이다. 이 시집은 어찌나 내가 들고 다니며 읽었던
지, 너덜너덜 거덜이 났다. 손때가 새까맣게 묻고, 책장이 떨
어져나가 몇 번 풀로 붙이고, 그래도 떨어져서 양말 상표를 떼
어 붙이기도 했다. 누렇게 색이 바랜 오래된 시집, 그 시집을
펼치면 갈피마다 내 젊은날이 걸어나온다. 마른잎새 뜬 강을
거스르며 나는 얼마나 외로웠던가. 아, 얼마나 눈물이 났던가.
그 시절의 강가를 걸을 때면 지금도 나는 '마름풀' 뜨는 강물
에 눈이 시려온다.

病床錄

김관식

병명도 모르는 채 시름시름 앓으며

몸져 누운 지 이제 10년.

고속도로는 뚫려도 내가 살 길은 없는 것이냐.

肝, 心, 脾, 肺, 腎……

오장이 어디 한 군데 성한 데 없이

생물학 교실의 골격 표본처럼

뼈만 앙상한 이 극한 상황에서……

어두운 밤 턴넬을 지내는

디이젤의 엔진 소리

나는 또 숨이 가쁘다 열이 오른다

기침이 난다.

머리맡을 뒤져도 물 한 모금 없다.

하는 수 없이 일어나 등잔에 불을 붙인다.

방안 하나 가득 찬 철모르는 어린것들.

제멋대로 그저 아무렇게나 가로세로 드러누워

고단한 숨결은 한창 얼크러졌는데

문득 둘째의 등록금과 발가락 나온 운동화가 어른거린다.

내가 막상 가는 날은 너희는 누구에게 손을 벌리랴.

가여운 내 아들딸들아,

가난함에 행여 주눅들지 말라.
사람은 우환에서 살고 안락에서 죽는 것,
백금 도가니에 넣어 단련할수록 훌륭한 보검이 된다.
아하, 새벽은 아직 멀었나보다.

자기가 가르치는 제자들과 닭을 잡아먹기도 하고, 국회의원 선거에서 장면과 한판 붙기도 하고, 허위와 썩은 가식이 판을 치는 문단행사에 나가 깽판을 치기도 하고, 서정주 집에 가서 한번 보고 반한 그의 처제와 결혼을 하겠다고 자살기도를 해서 사람들을 놀라게 했던 기인. 그러나 그의 시는 하나같이 기개가 높다. 그의 기개에 비하면 요즘의 시인들은 너무도 얌전하다. 시인정신은 다 썩었는가. 팩 곯아버렸는가.

그는 말년에 불운했다고 한다. 이 시는 아마 그때 쓰여진 시 같다. 희미한 등잔불 아래 그려지는 이 애잔하고 애틋한 것들, 삶과 죽음, 그리고 아, 다가올 새벽. 그는 기약 없는 새벽이 두려웠던 것이다. 절망과 가난, 내일 없는 불안이 수시로 교차하는 이 시는 한 시대의 우울한 음화(陰畵)다.

저녁빛

남진우

붉은 저녁해 창가에 머물며

내게 이제 긴 밤이 찾아온다 하네……

붉은빛으로 내 초라한 방안의 책과 옷가지를 비추며

기나긴 하루의 노역이 끝났다 하네……

놀던 아이들 다 돌아간 다음의 텅 빈 공원 같은

내 마음엔 하루 종일 부우연 먼지만 쌓이고……

소리 없이 사그라드는 저녁빛에 잠겨

나 어디선가 들려오는 울먹임에 귀기울이네……

부서진 꿈들……

시간의 무늬처럼 어른대는 유리 저편 풍경들……

어스름이 다가오는 창가에 서서

붉은 저녁에 뺨 부비는

먼 들판 잎사귀들 들끓는 소리 엿들으며

나

잠시 빈집을 감도는 적막에 몸을 주네……

살아온 날들을 가만히 들여다보면, 삶은, 때로, 그 얼마나 덧없고 쓸쓸한가. 하루를 산 그대 서쪽 창으로 해는 지리.

천장호에서

나희덕

얼어붙은 호수는 아무것도 비추지 않는다
불빛도 산 그림자도 잃어버렸다
제 단단함의 서슬만이 빛나고 있을 뿐
아무것도 아무것도 품지 않는다
헛되이 던진 돌멩이들,
새떼 대신 메아리만 쩡 쩡 날아오른다

네 이름을 부르는 일이 그러했다

어느 겨울 깊은 산속을 혼자 간 적이 있다. 느닷없이 거기 호수가 있었다. 호수는 빈틈없이 하얗게 꽝꽝 얼어 있었다. 냉랭해 보였다. 돌멩이를 주워 던졌다. 얼어붙은 호수는 꿈쩍 않고, 산만이 쩌렁쩌렁 울었다. 얼음이 다 풀린 봄이 와도 그 여자는 끝내 돌아오지 않았다. 얼음 풀린 강, 그 겨울의 돌은 강바닥에 닿았을까?

조그만 사랑 노래

황동규

어제를 동여맨 편지를 받았다.
늘 그대 뒤를 따르던
길 문득 사라지고
길 아닌 것들도 사라지고
여기저기서 어린 날
우리와 놀아주던 돌들이
얼굴을 가리고 박혀 있다.
사랑한다 사랑한다, 추위 환한 저녁 하늘에
찬찬히 깨어진 금들이 보인다.
성긴 눈 날린다.
땅 어디에 내려앉지 못하고
눈뜨고 떨며 한없이 떠다니는
몇 송이 눈.

'추위 환한 저녁 하늘'이란 말이 좋다. '눈뜨고 떨며 한없이 떠다니는'이란 말도 좋고, '우리와 놀던 돌'이란 말도 좋다. '찬찬히 깨어진 금들'이란 말도 좋고, '그대 뒤를 따르던 길 문득 사라지고'란 말도 가슴 캄캄하게 한다. 이 시는 눈발 속에 서 있는 한 그루 푸른 소나무처럼 우리 가슴속에 떠오르는 아스라한 한 장의 수채화다. 아, 그 겨울에 돌아온 '동여맨 편지'. 그날 창밖을 바라볼 때마다 눈은 왜 그리도 퍼붓던지.

갈대

신경림

언제부터 갈대는 속으로
조용히 울고 있었다.
그런 어느 밤이었을 것이다. 갈대는
그의 온몸이 흔들리고 있는 것을 알았다.

바람도 달빛도 아닌 것.
갈대는 저를 흔드는 것이 제 조용한 울음인 것을
까맣게 몰랐다.
― 산다는 것은 속으로 이렇게
조용히 울고 있는 것이란 것을
그는 몰랐다.

우리는 무엇이 이리 바쁜가? 내 머릿속의 오늘은 왜 이리 복잡한가? 나는 누구이고, 어디에 있는가? 이게 아닌데, 이게 아닌데, 여기까지 밀려온 세월은 또 무엇인가? 언제 한번이라도 나 자신을 조용히 들여다보며 지나온 삶을 뒤적여본 적이 있었던가? 외로워서, 외로운 내가 외로운 나에게 눈물을 흘려주었던 일이 그 언제였던가. 허리 굽혀 신발끈을 매는 이 아침, 아, 나도, 살다가, 때로, 조용한 갈대가 되어 울어보고 싶은 것이다.

詩

파블로 네루다

그러니까 그 나이였어… 시가
나를 찾아왔어. 몰라, 그게 어디서 왔는지,
모르겠어, 겨울에서인지 강에서인지.
언제 어떻게 왔는지 모르겠어,
아냐, 그건 목소리가 아니었고, 말도
아니었으며, 침묵도 아니었어,
하여간 어떤 길거리에서 나를 부르더군,
밤의 가지에서,
갑자기 다른 것들로부터,
격렬한 불 속에서 불렀어,
또는 혼자 돌아오는데 말야
그렇게 얼굴 없이 있는 나를
그건 건드리더군.

나는 뭐라고 해야 할지 몰랐어, 내 입은
이름들을 도무지
대지 못했고,
눈은 멀었으며,
내 영혼 속에서 뭔가 시작되고 있었어,

熱이나 잃어버린 날개,

또는 내 나름대로 해보았어,

그 불을

해독하며,

나는 어렴풋한 첫 줄을 썼어

어렴풋한, 뭔지 모를, 순전한

넌센스,

아무것도 모르는 어떤 사람의

순수한 지혜,

그리고 문득 나는 보았어

풀리고

열린

하늘을,

遊星들을,

고동치는 논밭

구멍 뚫린 그림자,

화살과 불과 꽃들로

들쑤셔진 그림자,

휘감아도는 밤, 우주를

그리고 나, 이 微小한 존재는

그 큰 별들 총총한

虛空에 취해,

신비의
모습에 취해,
나 자신이 그 심연의
일부임을 느꼈고,
별들과 더불어 굴렀으며,
내 심장은 바람에 풀렸어.

정현종 옮김

그래. 그랬어. 스무 살 무렵이었지. 나는 날마다 저문 들길에 서서 무엇인가를 기다렸어. 강물이 흐르고, 비가 오고, 눈이 오고, 바람이 불었지. 외로웠다니까. 그러던 어느 날 시가 내게로 왔어. 저 깊은 산속에서 누가 날 불렀다니까. 오! 환한 목소리, 내 발등을 밝혀주던 그 환한 목소리, 詩였어.

직소포에 들다

천양희

폭포소리가 산을 깨운다. 산꿩이 놀라 뛰어오르고
솔방울이 툭, 떨어진다. 다람쥐가 꼬리를 쳐드는데
오솔길이 몰래 환해진다.

와! 귀에 익은 명창의 판소리 완창이로구나

관음산 정상이 바로 눈앞인데
이곳이 정상이란 생각이 든다
피안이 이렇게 가깝다
백색 淨土! 나는 늘 꿈꾸어왔다

무소유로 날아간 무소새들
직소포의 하얀 물방울들, 환한 水宮을.

폭포소리가 계곡을 일으킨다. 천둥소리 같은
우레 같은 기립박수소리 같은 ─ 바위들이 흔들한다

하늘이 바로 눈앞인데
이곳이 무한 천공이란 생각이 든다

여기 와서 보니

피안이 이렇게 좋다

나는 다시 배운다

絶唱의 한 대목, 그의 완창을.

마음이 환해진다. 솔방울이 '툭' 떨어지며 이 세상의 막힌 길들이 모두 환하게 뚫린다. 나는 무거운 한 짐의 삶을 부린다. 오, 가벼워라 삶이여! 훌훌 날 것 같다. 펄쩍 뛰고 싶다. 도대체 우리는 지금 무엇을 이리 굳게 움켜쥐고 악을 쓰는가. 그대가 가진 볼펜을 던져라. 오, 아름다운 그대 빈손에 떨어지는 흰 폭포소리!

봄밤

김수영金洙暎

애타도록 마음에 서둘지 말라
강물 위에 떨어진 불빛처럼
혁혁한 업적을 바라지 말라
개가 울고 종이 들리고 달이 떠도
너는 조금도 당황하지 말라
술에서 깨어난 무거운 몸이여
오오 봄이여

한없이 풀어지는 피곤한 마음에도
너는 결코 서둘지 말라
너의 꿈이 달의 행로와 비슷한 회전을 하더라도
개가 울고 종이 들리고
기적소리가 과연 슬프다 하더라도
너는 결코 서둘지 말라
서둘지 말라 나의 빛이여
오오 인생이여

재앙과 불행과 격투와 청춘과 천만인의 생활과
그러한 모든것이 보이는 밤

눈을 뜨지 않은 땅속의 벌레같이
아둔하고 가난한 마음은 서둘지 말라
애타도록 마음에 서둘지 말라
절제여
나의 귀여운 아들이여
오오 나의 영감이여

한 시인의 시를 모두 읽고 한 편의 시를 고르는 데, 이 시인만큼 고심한 시인은 없었다. 나는 이 시를 몇 번 썼다가 지우고, 다른 시를 몇 편 더 썼다가 지운 뒤에 다시 이 시를 택했다. 특별한 의미는 없다. 다만 '혁혁한 업적을 바라지 말라'는 시구가 내 옷깃을 부여잡고 있었던 것이다. 김수영의 모든 시는 아직도 펄펄 살아서 우리를 팽팽하게 긴장시키고, 통렬하고도 신념에 가득 찬 그의 발언은 아직도 현실을 압도한다. 그는 세월이 가도 식지 않는 사랑을 알고 있었다.

꽃씨를 거두며

도종환

　언제나 먼저 지는 몇 개의 꽃들이 있습니다. 아주 작은 이슬과 바람에도 서슴없이 잎을 던지는 뒤를 따라 지는 꽃들은 그들을 알고 있습니다. 아이들과 함께 꽃씨를 거두며 사랑한다는 일은 책임지는 일임을 생각합니다. 사랑한다는 일은 기쁨과 고통, 아름다움과 시듦, 화해로움과 쓸쓸함 그리고 삶과 죽음까지를 책임지는 일이어야 함을 압니다. 시드는 꽃밭 그늘에서 아이들과 함께 꽃씨를 거두어 주먹에 쥐며 이제 기나긴 싸움은 다시 시작되었다고 나는 믿고 있습니다. 아무것도 끝나지 않았고 삶에서 죽음까지를 책임지는 것이 남아 있는 우리들의 사랑임을 압니다. 꽃에 대한 씨앗의 사랑임을 압니다.

가을인가보다. 아이들과 함께 봄에 심은 꽃들이 꽃씨를 맺었
다. 선생님, 생각만 해도 나는 선생님이라는 직업이 좋다. 도종
환 선생님이 좋고, 아이들 앞에 서 있는 우리나라의 선생님들이
다 좋다. 선생님 앞에는 늘 머리통이 까만 아이들이 있으므로.
그래, 사랑은 그렇게 끝까지 책임을 지는 일이다.
　햇살이 좋은 가을날 아이들 속에서 아이들과 이야기를 하며,
허리 굽혀 꽃씨를 거두는 선생님, 선생님, 우리들의 선생님! 도
종환 선생님 사랑합니다.

임방울

송찬호

삶이 어찌 이다지 소용돌이치며 도도히 흘러갈 수 있단 말
인가

그 소용돌이치는 여울 앞에서 나는 백 년 잉어를 기다리고
있네

어느 시절이건 시절을 앞세워 명창은 반드시 나타나는 법

유성기 음반 복각판을 틀어놓고, 노래 한 자락으로 비단옷
을 지어 입었다는 그 백 년 잉어를 기다리고 있네

들어보시게, 시절을 뛰어넘어 명창은 한 번 반드시 나타나
는 법

우당탕 퉁탕 울대를 꺾으며 저 여울을 건너오는,

임방울, 소리 한가락으로 비단옷을 입은 늙은이

삶이 어찌 이다지 휘몰아치며 도도히 흘러갈 수 있단 말
인가

커다란 산맥에 휘몰아치는 눈보라를 이기며 오라, 삶이여!
부서지며 굽이치는 저문 강을 건너 새벽같이 오라. 언젠가, 그
언젠가 한번은 꽃피고 싶은 내 인생이여!

겨울 강가에서

안도현

어린 눈발들이, 다른 데도 아니고
강물 속으로 뛰어내리는 것이
그리하여 형체도 없이 녹아 내리는 것이
강은,
안타까웠던 것이다
그래서 눈발이 물위에 닿기 전에
몸을 바꿔 흐르려고
이리저리 자꾸 뒤척였는데
그때마다 세찬 강물소리가 났던 것이다
그런 줄도 모르고
계속 철없이 철없이 눈은 내려,
강은,
어젯밤부터
눈을 제 몸으로 받으려고
강의 가장자리부터 살얼음을 깔기 시작한 것이었다

삶의 무게가 느껴지는 매우 철학적인 시이다. 자신의 몸에
살얼음을 깔아 철없이 내리는 눈을 받는 강물의 자세는 숙연해
보이기까지 하는 것이다. 삶의 자세를 늘 새로 가다듬어야, 죽
으면 썩어버릴 몸으로 가벼운 눈송이 하나라도 받을 수 있지
않을까? 그럴 수 있지 않을까?

序詩

이성복

간이식당에서 저녁을 사 먹었습니다
늦고 헐한 저녁이 옵니다
낯선 바람이 부는 거리는 미끄럽습니다
사랑하는 사람이여, 당신이 맞은편 골목에서
문득 나를 알아볼 때까지
나는 정처 없습니다

당신이 문득 나를 알아볼 때까지
나는 정처 없습니다
사방에서 새 소리 번쩍이며 흘러내리고
어두워 가며 몸 뒤트는 풀밭,
당신을 부르는 내 목소리
키 큰 미루나무 사이로 잎잎이 춤춥니다

이 세상을 다 버리고 이 세상을 새로 얻은 것 같은 새 모습, 새 목소리, 새 잎사귀에 부는 봄바람. 당신이 처음 나를 알아보았던 그때, 당신 앞에 선 내 모습은 잎잎이 춤추는 한 그루 눈부신 미루나무였다.

散文詩 1

신동엽

　　스칸디나비아라든가 뭐라구 하는 고장에서는 아름다운 석양 대통령이라고 하는 직업을 가진 아저씨가 꽃리본 단 딸아이의 손 이끌고 백화점 거리 칫솔 사러 나오신단다. 탄광 퇴근하는 鑛夫들의 작업복 뒷주머니마다엔 기름묻은 책 하이덱거 럿셀 헤밍웨이 莊子 휴가여행 떠나는 국무총리 서울역 삼등대합실 매표구 앞을 뙤약볕 흡쓰며 줄지어 서 있을 때 그걸 본 서울역장 기쁘시겠소라는 인사 한마디 남길 뿐 평화스러이 자기 사무실문 열고 들어가더란다. 남해에서 북강까지 넘실대는 물결 동해에서 서해까지 팔랑대는 꽃밭 땅에서 하늘로 치솟는 무지개빛 분수 이름은 잊었지만 뭐라군가 불리우는 그 중립국에선 하나에서 백까지가 다 대학 나온 농민들 추럭을 두대씩이나 가지고 대리석 별장에서 산다지만 대통령이름은 잘 몰라도 새이름 꽃이름 지휘자이름 극작가이름은 훤하더란다 애당초 어느쪽 패거리에도 총쏘는 야만엔 가담치 않기로 작정한 그 知性 그래서 어린이들은 사람 죽이는 시늉을 아니하고도 아름다운 놀이 꽃동산처럼 풍요로운 나라, 억만금을 준대도 싫었다 자기네 포도밭은 사람 상처내는 미사일기지도 땡크기지도 들어올 수 없소 끝끝내 사나이나라 배짱 지킨 국민들, 반도의 달밤 무너진 성터가의 입맞춤이며 푸

짙한 타작소리 춤 思索뿐 하늘로 가는 길가엔 황토빛 노을 물
든 석양 大統領이라고 하는 직함을 가진 신사가 자전거 꽁무
니에 막걸리병을 싣고 삼십리 시골길 시인의 집을 놀러 가더
란다.

시와 더불어 일생을 사랑으로 채우고, 일생을 혁명으로 불지르고 싶어했던 금강의 시인 신동엽. 그의 시는 큰 산맥에서 우러나와 강을 차고, 산을 때리고, 들판을 울리는 대지의 목청이다. 그는 시시껄렁한 폼을 싫어한 시인이었다. '전경인'을 꿈꾸는 큰 시인이었다. 그는 '시업가'가 아닌 진짜 인간을 그리워했던 것이다. 나는 그의 많은 시 중에서 이 시를 읽으며 즐거워한다. 그의 시, 그의 사랑, 그의 혁명정신이 바란 것은, 정치에조차 일상적인 향기가 스며드는 것이었을 게다. 정치는 세상을 종합하는 예술이어야 하니까 말이다.

金洙暎을 추모하는 저녁 미사곡

김영태

六月 十六日은
그대의 祭日이다
花園에 가도 마음 달랠 꽃이 없어
나는 徒步로 그대, 무덤 곁으로 간다
무덤은 멀다 노을 아래로
노을을 머리에 이고
타박타박 駱駝처럼 걸어간다
내가 그대에게 줄 것은
식지 않은 사랑뿐이라고
걸으면서 가만히 내 반쪽 심장에
끓이는 더운물뿐이라고
무덤에 도착하면 오빠 곁을 안 떠나는
누이에게 전하리라
말하지 말라고 그대가 눈짓을 보내면
나는 또 장승처럼 서 있다가
타박타박 산길을 내려오려고 한다
반쪽 심장에는 올 때마다
더 많이 더운물을
출렁거리면서

우리 마음이 오늘 저녁은 아무데나 가서
맞닿아 있어 서로 빈손을
크게 벌려놓지 않으려고 한다

나는 이 시인을 무던히 좋아한다. 그의 모던한 폼(?), 그의 춤 이야기, 그가 그린 많은 시집 표지의 얼굴들, 그리고 그가 쓴 많은 시들을 나는 좋아한다. 나는 한때 그의 시집 『초개수첩』을 오래오래 들고 다닌 적이 있다. 어쩐지 '폼'이 났던 것이다.

'낡을수록 좋은 것은 사랑뿐'이라고 말한 김수영, 그의 무덤에 나도 가본 적이 있다. 아, 이 겨울 '반쪽 심장'에 식지 않은 사랑을 가진 사람들은 추워도 춥지 않으리라.

墨畵

김종삼

물 먹는 소 목덜미에
할머니 손이 얹혀졌다.
이 하루도
함께 지났다고,
서로 발잔등이 부었다고,
서로 적막하다고,

"시집 『북치는 소년』이 뒷주머니에서 빠져 물웅덩이 위에 떴
다. 달려가던 자전거가 급정거했다. 비 몇 방울이 흐린 물위에
동그라미를 그리며 서 있었다. 한쪽 신발을 벗고 책을 건졌다.
나무막대기가 젖어 있었다. 내 곁을 지나던 소와 농부가 나를
바라보았다." 이 글은 김종삼의 시집 『북치는 소년』 첫페이지
에 적어놓았던, 낙서 비슷한 나의 글이다. 김종삼의 시집을 늘
뒷주머니에 넣고 자전거를 타고 다녔던 모양이다.

강물

천상병

강물이 모두 바다로 흐르는 그 까닭은
언덕에 서서
내가
온종일 울었다는 그 까닭만은 아니다

밤새
언덕에 서서
해바라기처럼 그리움에 피던
그 까닭만은 아니다

언덕에 서서
내가
짐승처럼 서러움에 울고 있는 그 까닭은
강물이 모두 바다로만 흐르는 그 까닭만은 아니다

천상병, 이런 형편없는 시대를 살며 그 어떤 허세에도 굴하기 싫어했던 '큰 아이 큰 사람'. '아름다운 이 세상 소풍 끝내는 날, 가서 아름다웠더라고' 말하겠다는 사람, 천진무구함으로 인간의 길을 일러준 사람, 이런 그가 왜 짐승처럼 울어야 했을까?

모닥불

백석

새끼오리도 헌신짝도 소똥도 갓신창도 개니빠디도 너울쪽
도 짚검불도 가락닢도 머리카락도 헌겊조각도 막대꼬치
도 기와장도 닭의짖도 개터럭도 타는 모닥불

재당도 초시도 門長늙은이도 더부살이 아이도 새사위도 갓
사둔도 나그네도 주인도 할아버지도 손자도 붓장사도 땜
쟁이도 큰개도 강아지도 모두 모닥불을 쪼인다

모닥불은 어려서 우리 할아버지가 어미아비 없는 서러운
아이로 불상하니도 몽둥발이가 된 슬픈 역사가 있다

읽으면 배시시 웃음이 절로 나온다. 나도 '개터럭' 다음에다가 어떤 물건을 하나 더 넣고 싶어진다. 뭘 넣을까. 모닥불 속에 타고 있는 것들은 다 버려지고 쓸모없는 것들이다. 쓸모없는 것들이 모여 타는 모닥불가에 가문의 가장 어른이신 문장과 강아지까지 어울려 불을 쬔다. 참 재미있다. 아름답고 따뜻한 평등과 평화다.

남으로 띄우는 편지

고두현

봄볕 푸르거니
겨우내 엎드렸던 볏짚
풀어놓고 언 잠 자던 지붕 밑
손 따숩게 들춰보아라.
거기 꽃 소식 벌써 듣는데
아직 설레는 가슴 남았거든
이 바람 끝으로
옷섶 한 켠 열어두는 것
잊지 않으마.
내 살아 잃어버린 중에서
가장 오래도록
빛나는 너.

남녘 어느 초가집 지붕 끄트머리 눈도 다 녹고, 나래 속에 봄은 왔느냐. 잡을 수 없는 그리움처럼 아른아른 아지랑이 피어나겠다. 양지 쪽 돌각담 밑의 꽃다지, 냉이 잎에 푸른 기는 돌아왔더냐. 들 건너 얼음 조각 떠내려가던 강물에 피라미들은 비늘 반짝이며 돌아다니더냐.

　걱정 말거라, 걱정 마. 네 모습도 오래도록 빛날 터이니.

길
— 박수근의 그림

허만하

잎 진 겨울나무 가지 끝을 부는 회초리 바람 소리 아득하고 어머니는 언제나 나무와 함께 있다. 울부짖는 고난의 길 위에 있다. 흰 수건으로 머리를 두르고 한 아이를 업은 어머니가 다른 아이 손을 잡고 여덟팔자걸음을 걷고 있는 아득하고 먼 길. 길 끝은 잘 보이지 않았으나 어머니는 언제나 머리 위에 광주리를 이고, 또는 지친 빨랫거리를 담은 대야를 이고 바람소리 휘몰아치는 길 위에 있다. 일과 인내가 삶 자체였던 어머니. 짐이 몸의 일부가 되어버린 어머니. 손이 모자라는 어머니는 허리 흔들림으로 균형을 잡으며 걸었다. 아득하고 끝이 없는 어머니의 길. 저무는 길 너머로 사라져가는 어머니. 길의 끝에서 길의 일부가 되어버린 어머니. 하학길 담벼락에 붙어 서서 따뜻한 햇살을 쪼이던 내 눈시울 위에 환하게 떠오르던 어머니. 어머니, 나의 눈시울은 어머니를 담은 바다가 됩니다. 어머니의 바다는 나의 바다를 안고도 흘러 넘칩니다. 어머니 들립니다. 어디까지 와났나. 임정리 아직 멀었나. 어디까지 와났나. 골목 끝에 부는 바람소리. 나는 한 마리 매미처럼 어머니 등에 붙어 있었지요. 어머니 저는 어머니가 걸었던 바람부는 길을 이젤처럼 둘러메고 양구를 떠났습니다. 나는 겨레의 향내가 되고 싶습니다. 가야 토기

의 살갗같이 우울한 듯 안으로 밝고 비바람에 시달린 바위의
살결같이 거칠고도 푸근한 어머니의 손등을 그리고 말 것입
니다. 어머니가 끓이시던 시래깃국 맛을 그리겠습니다. 어머
니, 나를 잡아끌던 어머니의 손이 탯줄인 것을 나는 압니다.
잎 진 가지 끝에 바람이 부는 겨울 그립습니다.

'박수근의 그림'이라는 부제가 붙은 시다. 세상에서 내가 제일 좋아하는 화가 박수근. 내가 사는 방에는 신문이나 잡지에서 오린 그의 그림들이 여기저기 붙어 있다. 소, 아이, 할아버지, 할머니, 나무들, 초가집……. 언젠가 아내랑 그의 그림「독서」앞에 나란히 서서 "우리는 참 복도 많아. 이런 그림 앞에 서 있을 수 있다니 말야" 하면서 얼마나 행복해했던지. 이 시인도 아마 그러했으리라. 시골 우리 어머님은 지금 홀로 무얼 하시고 계실까?

靑山道

박두진

산아. 우뚝 솟은 푸른 산아. 철철철 흐르듯 짙푸른 산아. 숱한 나무들, 무성히 무성히 우거진 산마루에, 금빛 기름진 햇살은 내려오고, 둥 둥 산을 넘어, 흰 구름 건넌 자리 씻기는 하늘. 사슴도 안 오고 바람도 안 불고, 넘엇 골 골짜기서 울어 오는 뻐꾸기……

산아. 푸른 산아. 네 가슴 향기로운 풀밭에 엎드리면, 나는 가슴이 울어라. 흐르는 골짜기 스며드는 물소리에, 내사 줄줄 줄 가슴이 울어라. 아득히 가버린 것 잊어버린 하늘과, 아른 아른 오지 않는 보고 싶은 하늘에, 어쩌면 만나도 질 볼이 고운 사람이, 난 혼자 그리워라. 가슴으로 그리워라.

티끌 부는 세상에도 벌레 같은 세상에도 눈 맑은, 가슴 맑은, 보고지운 나의 사람. 달밤이나 새벽녘, 홀로 서서 눈물 어릴 볼이 고운 나의 사람. 달 가고, 밤 가고, 눈물도 가고, 틔어 올 밝은 하늘 빛난 아침 이르면, 향기로운 이슬밭 푸른 언덕을, 총총총 달려도 와줄 볼이 고운 나의 사람.

푸른 산 한나절 구름은 가고, 골 넘어, 골 넘어, 뻐꾸기는 우는데, 눈에 어려 흘러가는 물결 같은 사람 속, 아우성쳐 흘러가는 물결 같은 사람 속에, 난 그리노라. 너만 그리노라. 혼자서 철도 없이 난 너만 그리노라.

춥던 겨울바람 산 넘어가고, 봄바람이 산 넘어오리라. 그러
면 강가에 있는 느티나무는 눈부신 새 잎을 틔워 달빛을 부르
고, 소쩍새는 찾아오리라. 거칠고 험한 세상을 이겨나갈 수 있
는 것은, 나를 불러줄 고운 님이 세상 어딘가에 있기 때문이리
라. 새로 오는 봄길 따라 '총총총 달려도 와줄' 고운 님을 찾아
서 길을 나서리라. 그대에게 나도 가리라.

山에 가면

조 운

산에 가면
나는 좋더라
바다에 가면
나는 좋더라
님하고 가면
더 좋을네라만!

어찌 단풍 든 산만, 바다만 그렇게 좋겠는가. 눈 오는 솔밭, 갈대 나부끼는 강 언덕, 진달래꽃 핀 깊은 산중의 오솔길, 달이 높은 여름밤의 들길, 바람 부는 호숫가, 아니 좋은 님과 함께라면 거적때기 초가집에 라면 국물이라도 배가 부르지 않겠는가. 사랑하는 사람의 따뜻한 손길만 있다면 세상에 부러울 게, 무서울 게 무엇이 있겠는가. 고운 님과 함께라면 세상은 어디든 천국이리라.

流謫

조용미

오늘밤은 그믐달이 나무 아래
귀고리처럼 낮게 걸렸습니다
은사시나무 껍질을 만지며 당신을 생각했죠
아그배나무 껍질을 쓰다듬으면서도
당신을 그렸죠 기다림도 지치면 노여움이 될까요
저물녘, 지친 마음에 꽃 다 떨구어버린 저 나무는
제 마음 다스리지 못한 벌로
껍질 더 파래집니다
멍든 푸른 수피를 두르고 시름시름 앓고 있는
벽오동은 당신이 그 아래 지날 때,
꽃 떨군 자리에 다시 제 넓은 잎사귀를
가만히 내려놓습니다
당신의 어깨를 만지며 떨어져내린 잎이
무얼 말하고 싶은지
당신이 지금 와서 안다고 한들,
그리움도 지치면 서러움이 될까요
하늘이 우물 속 같이 어둡습니다

사랑은 결국 누군가에게서 멀리 유배되는 것인지 모릅니다.
당신에게서 멀리 떨어진 외딴 섬에서, 당신이 새로 그립습니다.

해당화

한용운

당신은 해당화 피기 전에 오신다고 하였습니다. 봄은 벌써 늦었습니다.

봄이 오기 전에는 어서 오기를 바랐더니 봄이 오고 보니 너무 일찍 왔나 두려합니다.

철모르는 아이들은 뒷동산에 해당화가 피었다고 다투어 말하기로 듣고도 못 들은 체하였더니

야속한 봄바람은 나는 꽃을 불어서 경대 위에 놓입니다그려.

시름없이 꽃을 주워서 입술에 대고 "너는 언제 피었니" 하고 물었습니다.

꽃은 말도 없이 나의 눈물에 비쳐서 둘도 되고 셋도 됩니다.

시인의 마음을 따라가며 이 시를 옮겨 쓰다가 나는 문득 손
길을 멈추고 앞산을 바라본다. 산아, 산아, 몇 번이고 나는 산
을 부른다. 희끗거리던 잔설도 흔적이 없고, 벌써 봄빛이 내 이
마에 묻는다. 저 산에 피어날 진달래꽃이며, 흰 산벚꽃이며, 연
분홍 산복숭아 꽃잎들이 벌써 내 빈 마음에 분분하고, 온통 꽃
생각으로 내 마음은 꽃물 들며 싱숭생숭 어지러운 것이다.

노독

이문재

어두워지자 길이

그만 내려서라 한다

길 끝에서 등불을 찾는 마음의 끝

길을 닮아 물 앞에서

문 뒤에서 멈칫거린다

나의 사방은 얼마나 어둡길래

등불 이리 환한가

내 그림자 이토록 낯선가

등불이 어둠의 그늘로 보이고

내가 어둠의 유일한 빈틈일 때

내 몸의 끝에서 떨어지는

파란 독 한 사발

몸 속으로 들어온 길이

불의 심지를 한 칸 올리며 말한다

함부로 길을 나서

길 너머를 그리워한 죄

이 시를 읽고 또 읽으면, 내가 서 있는 이 땅이 세상의 끝 같
다. 딛고 있는 내 발밑이 벼랑 같아서 발끝이 간질간질하다. 그
러니 삶을 함부로 낭비하지 말자. 이문재 그는 이따금 홀로 술
마시다 섬진강으로 전화를 한다. 그의 외로움이 내게 닿을 때
나도 외로워서 강으로 간다.

사랑은

김남주

겨울을 이기고 사랑은
봄을 기다릴 줄 안다
기다려 다시 사랑은
불모의 땅을 파헤쳐
제 뼈를 갈아 재로 뿌리고
천년을 두고 오늘
봄의 언덕에
한 그루 나무를 심을 줄 안다

사랑은
가을을 끝낸 들녘에 서서
사과 하나 둘로 쪼개
나눠 가질 줄 안다
너와 나와 우리가
한 별을 우러러보며.

썩어문드러진 세상에서 온몸으로 혁명을 꿈꾸었던 사람, 천박한 자본주의를 향해 머뭇거림 없이 온몸을 던진 민중시인, 혁명의 시인 김남주. 모든 위대한 정신이 그러하듯이 그의 혁명 정신은 오래도록 우리 머리 위에 빛날 것이다. 아름답고 순결했던 한 인간의 정신을 파멸시키는 세상은 고쳐야 할 썩은 세상이다. 그는 세상이 바뀔 때마다 재빨리 변신해서 한자리 차지하려는 더럽고 약삭빠른 인간들과는 근본이 다른 순진무구한 정신의 소유자였다.

한 잎의 女子

오규원

나는 한 女子를 사랑했네. 물푸레나무 한 잎같이 쬐그만 여자, 그 한 잎의 女子를 사랑했네. 물푸레나무 그 한 잎의 솜털, 그 한 잎의 맑음, 그 한 잎의 영혼, 그 한 잎의 눈, 그리고 바람이 불면 보일 듯 보일 듯한 그 한 잎의 순결과 자유를 사랑했네.

정말로 나는 한 女子를 사랑했네. 女子만을 가진 女子, 女子 아닌 것은 아무것도 안 가진 女子, 女子 아니면 아무것도 아닌 女子, 눈물 같은 女子, 슬픔 같은 女子, 病身 같은 女子, 詩集 같은 여자, 그러나 누구나 영원히 가질 수 없는 女子, 그래서 불행한 女子.

그러나 영원히 나 혼자 가지는 女子, 물푸레나무 그림자 같은 슬픈 女子.

한때 이 시를 달달 외우고 다녔던 때가 있었다. 순전히 '물푸레나무 한 잎'이라는 표현 때문이었다. 작년 늦가을 벗들과 지리산을 오르면서 나는 단풍 든 물푸레나무 잎을 보았다. 아, 티하나 없이 완벽하게 물든 그 샛노란 물푸레나무 잎. 살짝 건드려도 우수수 떨어지며 내 마음을 황홀하게 물들이던 물푸레나무 잎.

울음이 타는 가을江

박재삼

마음도 한자리에 못 앉아 있는 마음일 때,
친구의 서러운 사랑 이야기를
가을 햇볕으로나 동무삼아 따라가면,
어느새 등성이에 이르러 눈물나고나.

제삿날 큰집에 모이는 불빛도 불빛이지만,
해질녘 울음이 타는 가을江을 보것네.

저것 봐, 저것 봐,
네보담도 내보담도
그 기쁜 첫사랑 산골 물소리가 사라지고
그 다음 사랑 끝에 생긴 울음까지 녹아나고
이제는 미칠 일 하나로 바다에 다와 가는
소리죽은 가을江을 처음 보것네.

어쩌면 이토록 아름다운 우리말로 가만가만 속삭이다가, 갑자기 저것 봐 저것 봐, 하며 사람들을 긴장시킬 수 있단 말인가. 나는 이 시를 읽을 때마다 참말로 마음이 한자리에 앉아 있질 못하는 것이다. 마음속에 일어나는 이 술렁임과 일렁임과 안절부절. 아, '그 기쁜 첫사랑 산골 물소리' 라니…….

형님

김지하

희고 고운 실빗살

청포잎에 보실거릴 땐 오시구려

마누라 몰래 한바탕

비받이 양푼갓에 한바탕 벌여놓고

도도리장단 좋아 헛맹세랑 우라질 것

보릿대춤이나 춥시다요

시름 지친 잔주름살 환히 펴고요 형님

있는 놈만 논답디까

사람은 매한가지

도동동당동

우라질 것 놉시다요

지지리도 못생긴 가난뱅이 끼리끼리.

'희고 고운 실빗살'과 '도동동당동'이라는 시어는 김지하의 서정성과 민중성을 함께 보여준다. 이 시를 읽고 있으면, 세상 만사 다 팽개쳐버리고 에라 모르겠다 경중경중 웃싸웃싸 어깨 춤이라도 한번 추고 싶다. 거칠되 힘이 있으며, 긴장감도 함께 느껴지는 이 시를 읽노라면, 오윤의 깊고도 굵은 칼질의 목판화가 떠오른다.

자화상

신현림

울음 끝에서 슬픔은 무너지고 길이 보인다

울음은 사람이 만드는 아주 작은 창문인 것

창문 밖에서
한 여자가 삶의 극락을 꿈꾸며
잊을 수 없는 저녁 바다를 닦는다

'사랑하고, 감동하고, 희구하고, 전율하며 사는 것이다.' 이 시인의 시집 『세기말 블루스』 후기에 인용된 로댕의 말이다. '나는 관념적 그림이란 것을 믿지 않는다. 중요한 것은 사랑과 열정인 것이다. 좋은 작품이란 늘 강렬하며 감동적이다. 즉 이것은 삶의 핵심을 표현했기 때문이다.' 재미 화가 박혜숙 씨의 이 말 역시 이 시집 후기에 인용되어 있다. 그렇다. 그렇구나. 그래라.

西風賦

김춘수

너도 아니고 그도 아니고, 아무것도 아니고 아무것도 아니라는데…… 꽃인 듯 눈물인 듯 어쩌면 이야기인 듯 누가 그런 얼굴을 하고,

간다 지나간다, 환한 햇빛 속을 손을 흔들며……

아무것도 아니고 아무것도 아니고 아무것도 아니라는데, 온통 풀 냄새를 널어 놓고 복사꽃을 울려놓고 복사꽃을 울려만 놓고,

환한 햇빛 속을 꽃인 듯 눈물인 듯 어쩌면 이야기인 듯 누가 그런 얼굴을 하고……

문학을 한답시고 시건방을 떨며 까불 때, 나는 이 시인의 모든 시와 산문을 읽었다. 그냥 아무렇지 않게 눈에 보이는 사물들의 모양을 그려놓은 것 같은 이 시인의 시들은, 그러나 내게 설명할 수 없는 매력으로 다가왔다. 무의미함 속에 숨은 그의 '시적 의미'는 시를 공부하는 나를 사로잡았던 것이다. '꽃인 듯 이야기인 듯' 그런 얼굴을 하고 말이다.

山頂墓地 1

조정권

겨울 산을 오르면서 나는 본다.
가장 높은 것들은 추운 곳에서
얼음처럼 빛나고,
얼어붙은 폭포의 단호한 침묵.
가장 높은 정신은
추운 곳에서 살아 움직이며
허옇게 얼어터진 계곡과 계곡 사이
바위와 바위의 결빙을 노래한다.
간밤의 눈이 다 녹아버린 이른 아침,
산정은
얼음을 그대로 뒤집어 쓴 채
빛을 받들고 있다.
만일 내 영혼이 천상의 누각을 꿈꾸어 왔다면
나는 신이 거주하는 저 천상의 일각을 그리워하리.
가장 높은 정신은 가장 추운 곳을 향하는 법.
저 아래 흐르는 것은 이제부터 결빙하는 것이 아니라
차라리 침묵하는 것.
움직이는 것들도 이제부터는 멈추는 것이 아니라
침묵의 노래가 되어 침묵의 동렬에 서는 것.

그러나 한번 잠든 정신은
누군가 지팡이로 후려치지 않는 한
깊은 휴식에서 헤어나지 못하리.
하나의 형상 역시
누군가 막대기로 후려치지 않는 한
다른 형상을 취하지 못하리.
육신이란 누더기에 지나지 않는 것.
헛된 휴식과 잠 속에서의 방황의 나날들.
나의 영혼이
이 침묵 속에서
손뼉소리를 크게 내지 못한다면
어느 형상도 다시 꿈꾸지 않으리.
지금은 결빙하는 계절, 밤이 되면
뭍과 물이 서로 끌어당기며
결빙의 노래를 내 발밑에서 들려주리.

여름 내내
제 스스로의 힘에 도취하여
계곡을 울리며 폭포를 타고 내려오는
물줄기들은 얼어붙어 있다.
계곡과 계곡 사이 잔뜩 엎드려 있는
얼음 덩어리들은
제 스스로의 힘에 도취해 있다.

결빙의 바람이여,
내 핏줄 속으로
회오리 치라.
나의 발끝에서 머리끝까지
나의 전신을
관통하라.
점령하라.
도취하게 하라.
산정의 새들은
마른 나무 꼭대기 위에서
날개를 접은 채 도취의 시간을 꿈꾸고
열매들은 마른 씨앗 몇 개로 남아
껍데기 속에서 도취하고 있다.
여름 내내 빗방울과 입맞추던
뿌리는 얼어붙은 바위 옆에서
흙을 물어뜯으며 제 이빨에 도취하고
바위는 우둔스런 제 무게에 도취하여
스스로 기쁨에 떨고 있다.

보라. 바위는 스스로의 무거운 등짐에
스스로 도취하고 있다.
허나 하늘은 허공에 바쳐진 무수한 가슴.
무수한 가슴들이 소거(消去)된 허공으로,

무수한 손목들이 촛불을 받치면서
빛의 축복이 쌓인 나목의 계단을 오르지 않았는가.
정결한 씨앗을 품은 불꽃을
천상의 계단마다 하나씩 바치며
나의 눈은 도취의 시간을 꿈꾸지 않았는가.
나의 시간은 오히려 눈부신 성숙의 무게로 인해
침잠하며 하강하지 않았는가.
밤이여 이제 출동명령을 내리라.
좀더 가까이 좀더 가까이
나의 핏줄을 나의 뼈를
점령하라. 압도하라,
관통하라.

한때는 눈비의 형상으로 내게 오던 나날의 어둠.
한때는 바람의 형상으로 내게 오던 나날의 어둠.
그리고 다시 한때는 물과 불의 형상으로 오던 나날의 어둠.
그 어둠 속에서 헛된 휴식과 오랜 기다림
지치고 지친 자의 불면의 밤을
내 나날의 인력으로 맞이하지 않았던가.
어둠은 존재의 처소에 뿌려진 생목의 향기
나의 영혼은 그 향기 속에 얼마나 적셔두길 갈망해 왔던가.
내 영혼이 내 자신의 축복을 주는 휘황한 백야를
내 얼마나 꿈꾸어 왔는가.

육신이란 바람에 굴러가는 헌 누더기에 지나지 않는다.
영혼이 그 위를 지그시 내려누르지 않는다면.

이 시인의 시를 따라가기에 내 숨은 한참 모자란다. 높은 겨울 산을 오르면서 세상을 바라보고 자기를 응시하는 단호함과 침묵, 그리고 천상의 누각을 꿈꾸는 숭고한 시 정신은 황폐해지고 천박해진 우리의 삶을 질타하고 위무한다.

논두렁에 서서

이성선

갈아놓은 논고랑에 고인 물을 본다.
마음이 행복해진다.
나뭇가지가 꾸부정하게 비치고
햇살이 번지고
날아가는 새 그림자가 잠기고
나의 얼굴이 들어 있다.
늘 홀로이던 내가
그들과 함께 있다.
누가 높지도 낮지도 않다.
모두가 아름답다.
그 안에 나는 거꾸로 서 있다.
거꾸로 서 있는 모습이
본래의 내 모습인 것처럼
아프지 않다.
산도 곁에 거꾸로 누워 있다.
늘 떨며 우왕좌왕하던 내가
저 세상에 건너가 서 있기나 한 듯
무심하고 아주 선명하다.

흰서리를 쓴 쑥들은 마른풀 속에서 돋아나고, 앞산에 새 소리 새롭다. 하늘, 산, 강, 나무, 논, 밭, 머리에 무엇인가를 이고 오시는 우리 어머니, 그리고 강가에 서 있는 나. 세상에 봄이 오고 있다. 봄빛이 무르익어가는 논두렁을 걸으며 나는 빈다. 우리 모두에게 그 누구도 아프지 않은 봄이, 평등과 평화와 높은 자유의 봄, 사람들 사이에 향기가 나는 봄이 오길.

月暈

박용래

첩첩 산중에도 없는 마을이 여긴 있습니다. 잎 진 사잇길 저 모래뚝, 그 너머 강기슭에서도 보이진 않습니다. 허방다리 들어내면 보이는 마을.

坑 속 같은 마을. 꼴깍, 해가, 노루꼬리 해가 지면 집집마다 봉당에 불을 켜지요. 콩깍지 콩깍지처럼 후미진 외딴집, 외딴집에도 불빛은 앉아 이슥토록 창문은 木瓜빛입니다.

기인 밤입니다. 외딴집 노인은 홀로 잠이 깨어 출출한 나머지 무우를 깎기도 하고 고구마를 깎다, 문득 바람도 없는데 시나브로 풀려 풀려내리는 짚단, 짚오라기의 설레임을 듣습니다. 귀를 모으고 듣지요. 후루룩 후루룩 처마깃에 나래 묻는 이름 모를 새, 새들의 온기를 생각합니다. 숨을 죽이고 생각하지요.

참 오래오래. 노인의 자리맡에 밭은 기침 소리도 없을 양이면 벽 속에서 겨울 귀뚜라미는 울지요. 떼를 지어 웁니다, 벽이 무너지라고 웁니다.

어느덧 밖에는 눈발이라도 치는지, 펄펄 함박눈이라도 흩날리는지, 창호지 문살에 돋는 月暈.

박용래 시 중에서 긴 편에 속하는 이 시는 「풀꽃」이라는 시
와 함께 내 가슴속에 오래 남아 있는 시이다. 그는 시의 행간에
다가 하고 싶은 말들을 숨겨놓는데, 이 시는 직접 말을 많이 한
시이다. 잡지에 발표된 이 시를 나는 읽고 읽고 또 읽었었다.
지금 다시 읽으니, 그때의 그 분위기가 되살아난다. 그이는 얼
마나 조심스럽게 언어를 세상에서 가져다가 시의 나라를 만드
는가. 그는 시인으로서 가장 시인다운 삶을 산 사람이다. 그의
삶은 진정 아름다웠으리라.

풀따기

김소월

우리 집 뒷산에는 풀이 푸르고
숲 사이의 시냇물, 모래바닥은
파아란 풀 그림자, 떠서 흘러요.

그리운 우리 님은 어디 계신고.
날마다 피어나는 우리 님 생각.
날마다 뒷산에 홀로 앉아서
날마다 풀을 따서 물에 던져요.

흘러가는 시내의 물에 흘러서
내어던진 풀잎은 옅게 떠갈 제
물살이 해적해적 품을 헤쳐요.

그리운 우리 님은 어디 계신고.
가엾은 이내 속을 둘 곳 없어서
날마다 풀을 따서 물에 던지고
흘러가는 잎이나 맘해 보아요.

김소월의 많은 시들 중에서 나는 언제나 이 시를 찾아든다. 이 시를 읽고 있으면 어느새 시인의 '뒷산'은 우리 집 뒷산이 되고, 이 시는 나의 시가 된다. 파란 풀잎이 떠가는 물을 본 적이 있다. 풀들이 떠가며 강바닥에 그늘을 만들었다. 바위를 넘는 물결 따라 풀잎도 바위를 넘어서 뱅뱅 돌다 또 떠간다. 고은의 '마름풀', 황동규의 풀, 김소월의 풀, 모두 강물에 뜬 풀들이다.

上理果園

서정주

꽃밭은 그향기만으로 볼진대 漢江水나 洛東江上流와도같은 隆隆한 흐름이다. 그러나 그 낱낱의 얼골들로 볼진대 우리 조카딸년들이나 그 조카딸년들의 친구들의 웃음판과도같은 굉장히 질거운 웃음판이다.

세상에 이렇게도 타고난 기쁨을 찬란히 터트리는 몸둥아리들이 또 어디 있는가. 더구나 서양에서 건네온 배나무의 어떤 것들은 머리나 가슴팍이뿐만이아니라 배와 허리와 다리 발ㅅ 굼치에까지도 이뿐 꽃숭어리들을 달었다. 맵새, 참새, 때까치, 꾀꼬리, 꾀꼬리새끼들이 朝夕으로 이많은 기쁨을 대신 읊조리고, 數十萬마리의 꿀벌들이 왼종일 북치고 소구치고 마짓굿 올리는 소리를허고, 그래도 모자라는놈은 더러 그속에 묻혀 자기도하는것은 참으로 當然한 일이다.

우리가 이것들을 사랑할려면 어떻게했으면 좋겠는가. 무쳐서 누어있는 못물과같이 저 아래 저것들을 비취고 누어서, 때로 가냘푸게도 떨어져네리는 저 어린것들의 꽃닢사귀들을 우리 몸우에 받어라도 볼것인가. 아니면 머언 山들과 나란히 마조 서서, 이것들의 아침의 油頭粉面과, 한낮의 춤과, 黃昏의 어둠속에 이것들이 자자들어 돌아오는 ― 아스라한 沈潛이나 지킬것인가.

하여간 이 한나도 서러울것이 없는것들옆에서, 또 이것들을 서러워하는 微物하나도 없는곳에서, 우리는 서뿔리 우리 어린것들에게 서름같은 걸 가르치지말일이다. 저것들을 祝福하는 때까치의 어느것, 비비새의 어느것, 벌나비의 어느것, 또는 저것들의 꽃봉오리와 꽃숭어리의 어느 것에 때체 우리가 행용 나즉히 서로 주고받는 슬픔이란것이 깃들이어 있단 말인가.

이것들의 초밤에의 完全歸巢가 끝난 뒤, 어둠이 우리와 우리 어린것들과 山과 냇물을 까마득히 덮을때가 되거던, 우리는 차라리 우리 어린것들에게 제일 가까운곳의 별을 가르쳐 뵈일일이요, 제일 오래인 鍾소리를 들릴일이다.

자기 마음에 있는 생각들을 이렇게 하나도 숨김 없이 시로 드러내놓기란 얼마나 어려운가. 시인은 이 시를 써놓고 얼마나 신이 났을까. 참말로 '북치고 소구치고 마짓굿 올리는 소리를 허고' 싶었을 것이다. 이 시에서 제일 가슴에 오래 남아 있는 구절은 '우리가 이것들을 사랑할려면 어떻게했으면 좋겠는가' 하는 구절이다. 작년 봄 김제 모악산 아래를 지나는 길에 산과 집집마다 피어 있는 산벚꽃, 진달래, 개나리, 지붕 위로 핀 살구꽃들을 보며 나는 아내에게 "참말로 이것들을 어찌하면 좋겠는가" 하고 물어본 적이 있다.

멀리서 느리게 오나,
오래도록 가슴에 남는다

이 책은《중앙일보》'시가 있는 아침'에 두 달 동안 연재했던 글을 묶은 것이다. 여기 모인 시들은, 내가 문학을 공부하면서 읽었던 시인들의 시 중에서 내 가슴속에 오래도록 남아 빛나고 있는 시들이다. 연재하면서 지면의 제약 때문에 잘라냈던 부분들을 온전하게 복원했고, 몇 편의 시들은 부득불 교체했다.

소설은 한번 읽으면 다시 읽기가 어렵지만 시는 그렇지 않다. 읽으면 읽을수록 읽는 맛이 새롭게 생겨난다. 시를 읽는 사람의 '지금'의 감정과 밀접하게 작용한다는 말이기도 하다. 시의 감동은 멀리서 느리게 오나, 오래도록 가슴에 남는다. 그래서 시다.

나는 이번에 많은 우리 시들을 읽었다. 한 달 동안은 거의 시 속에 묻혀 지냈다. 이 시 저 시들이 여기저기서 번쩍번쩍 떠올라 내게로 왔다. 시를 읽고 또 읽으며 나는 지난날 시 속에 파묻혀 살던 날들을, 그 푸른 떨림을 다시 느꼈다.

박용래의 시가 가슴에 오래 숨쉬고 있음에 나는 놀랐다. 서정주의 많은 시들은 나를 숨가쁘게 했다. 그의 시들은 나를 캄캄한 우물 속으로 끌어들였으며, 그의 언어는 징그럽도록 나를 휘감았다. 그의 시「上理果園」은 내 귀를 웅웅거리게 했다. 김수영의 모든 시들은 완벽했다. 지금도 나는 김수영의 시들을 읽으면 가슴이 뛴다. 김수영, 그가 있어 한국 시단은 아직도 세상과 짱짱하게 대결한다.

김수영과 서정주 그리고 신동엽과 신경림, 이 네 시인은 지금도 문학적이고 사회적인 현실로 나를 압도한다. 그리고 조정권의 시「山頂墓地」는 인간정신의 숭고함과 시인정신의 엄연함을 보여준 시였다.

젊은 시인 유하와 송찬호의 시를 읽으며 나는 기쁨을 감추지 못했다. 특히 송찬호의 「임방울」은 그 얼마나 휘몰아쳐 오는가. 나는 혼자 소리내어 그 시의 한 구절을 중얼거리곤 했다. "삶이 어찌 이다지 휘몰아치며 도도히 흘러갈 수 있단 말인가." 이 구절에서 나는 굽이굽이 수천 년을 살아온 이 민족의 숨결을 느낀다.

시들을 재수록하도록 허락해준 시인들께 감사드린다. 내 철딱서니없는 말들이 혹여 훌륭한 시에 누가 되지나 않았는지 모르겠다.

봄바람이 옷깃을 스친다.

봄이 오고 있다.

나는 겨울이 가면 봄이 오는 이 땅이 좋다.

이 봄 나는 다시 진메마을 어머니 곁으로 왔다.

저 적막한 산과 강물 곁에 나는 지금 서 있다.

2001년 새봄

김용택